目次

スポーツ秋田の輝き求め――マネジメントの経験を力に

■バスケ漬けの少年時代

■成し遂げた日本一の夢

■随所に生きた経営経験

■秋田にささぐわが人生

■年　譜

バスケ漬けの少年時代

バスケに明け暮れて

旧制中学2年の春でした。学校で何げなくバスケットボール部の練習を眺めていたら、「おい、ちょっとやってみろ」と声を掛けられたんです。見よう見まねでフリースローをしたら、一発で入りました。「おまえ、やるじゃないか。部に入れ」と強く勧められました。

これがバスケットを始めるきっかけです。敗戦の翌年のことです。兵隊になって国のために尽くすという目標がなくなり、何をどうしていいのか分からない気分の日が続いていました。バスケットにでも熱中して、もやもやした気持ちを吹き飛ばそうとしたのかもしれません。

バスケットシューズはなく、地下足袋を履いて練習していたころです。結局、それ以来、バスケットと生涯付き合うことになりました。

もう一つの大事な出会いは、自動車販売の「秋田いすゞ自動車」に入社し、辻兵吉さん

（平成20年、82歳で死去）に巡り会えたことです。

入社して間もなく、社員の親睦を図るためバスケット部をつくろうと、当時社長だった辻さんが言い出しました。辻さんは東京商科大（現一橋大）でバスケットをやってきていて、そういう発想になったようです。

社内でバスケットの経験者は辻さんと私ぐらい。20代半ばの平社員ながら、部をつくる時に「頼むよ」と声が掛かりました。辻さんとは社長と社員というほかに、バスケットを通じて関係を深め、後に経営陣に加えてもらうことになります。

私にとってスポーツと会社経営は車の両輪です。スポーツで育てた人材は社員としても戦力になり、会社の業績を上向かせます。会社経営で学んだことは、

バスケットボール人生を振り返る＝会長を務める秋田ゼロックスで

バスケット部やバスケットボール協会、体育協会の管理・運営に役立ちました。

商売っ気強かった父

父方の祖父はもともと南部藩の下級武士で、現在の鹿角市八幡平で藩の出張所長のような役に就いていたと聞いています。母方は秋田ですから、私には岩手、秋田の血が混じっていることになります。

父の多喜弥（昭和19年、57歳で死去）は「ヤマ師」でした。八幡平の尋常小学校を経て、秋田師範学校に進んだようですが、どこでどう生き方を変えたのか、ほぼ独学で鉱山のことを学び、尾去沢や小坂、大葛《おおくぞ》といった鉱山を渡り歩くようになりました。

ひげを立て、ぱりっとした背広に鳥打ち帽をかぶり、腰には矢立《やたて》（墨つぼに筆筒を付けた携帯文房具）を提げた格好を今でも思い出します。おしゃれな父親だったようです。羽振りが良かったのでしょう。北秋田郡扇田町の家は大きかったし、仕事の接待なのでしょうか、料亭で芸者を上げて宴会を開いていました。私はよく迎えに行かされたものです。

４、５人の芸者に伴われて帰宅する父の姿は、子供心にも「すごいなあ」と感じました。芸者が家にいるのはせいぜい30分ほどです。花代をもらい、料亭に戻って行く芸者たちの後ろ姿があでやかでした。

母のリサ（昭和32年、62歳で死去）は扇田町ではよく知られた明石家の家筋です。大正３（１９１４）年に父と結婚しました。家事や子育ての傍ら、衣料・雑貨店を切り盛りしていました。店は２階建て住居の１階部分を改造したものだということでした。田舎に行けばよくある「何でも屋」と言った方が分かりやすいかもしれません。

なぜ店を始めることになったのか。私が生まれる

昭和初期の扇田町の目抜き通り。右から３軒目が住んでいた家＝山田福男さん提供

前のことでよくは知りません。ただ、父は商売っ気がすごく強く、その勧めで開店したのではないかと想像しています。

父がヤマ師、母が商店経営と、今思い返せば、私には生まれる前から「商い」という2文字が付いて回っていたような気がします。

負けるなの教え今も

昭和7（1932）年7月9日、北秋田郡扇田町で8人きょうだいの7番目として生まれました。男女がちょうど4人ずつ。男の中では3番目だったので、昭和の「昭」を頭に付けて「昭三郎」と名付けたようです。ちなみに弟は8番目の生まれなので「昭八郎」といいます。

扇田町は昭和30年に周辺3村と合併して比内町扇田に、平成17年には大館市や田代町と一緒になり、大館市比内町扇田となりました。自分の生まれ故郷だから言うわけではありませんが、扇田は昔から結構開けていて、にぎわいもそこそこあったと思っています。

父多喜弥（昭和19年、57歳で死去）や母リサ（昭和32年、62歳で死去）はとても厳格でした。勉強でも運動でも「負けるな」ということを体で覚えさせようとしていました。

扇田尋常高等小学校（戦中は扇田国民学校）に通っていたときのことです。「兄が学年で1番なら、おまえも1番でなければならない」と母にきつく言われました。通信簿をもらってきて見せると、「おまえ2番だな。何で1番になれないのか」と、母だけでなく、兄や姉からも叱られたものです。

扇田を含め近隣8町村の小学生たちが参加する「八郷《はちごう》運動会」というのがありました。裕福な家は馬車でテントや食べ物を運び入れ、みんなに振る舞う地域の一大行事です。

ここでも「負けるな」でした。短距離走、リレー、走り幅跳びはどうにか勝てましたが、相撲は駄目で、あまり褒めてもらえなかったような気がします。

歴代天皇の名前、百人一首、九九、世界の国名や首都などは「とにかく暗記しなさい」でした。天皇の名前や百人一首は今でもそらで言うことができます。

小学2年生のとき、弟の昭八郎（左）と＝昭和15年

子供時分は反発もしましたが、今はむしろ、感謝の気持ちの方が強い。「三つ子の魂百まで」とはよく言ったものです。父母の教えが血肉となり、今につながっています。

達子森が扇田の象徴

「負けるな」式のしつけといっても、朝から晩まで勉強していたわけではありません。小学校から帰ってくれば、バットとボールを持ち出し、空き地で野球をやったものです。グローブなんか誰も持っていません。バットも棒を削って作った粗末なものです。ボールは軟式テニス用のものでした。

戦争はもう始まっていましたが、野球は敵国生まれのスポーツだからやるな、なんて言う人は誰もいませんでしたよ。

夏は川で水遊びです。扇田町の真ん中を貫くように犀川《さいがわ》が流れています。米代川のように大きな川ではなく、かといって小川でもなく、子供が遊ぶのにちょうどいいんです。小学校からでも家からでも、ひとっ走りすれば着きます。

エアコンはもちろん、プールなんていうのもありません。じりじり日差しが照り付ける夏の日、犀川で泳ぐ気持ちよさといったらありませんでした。

扇田の象徴はやっぱり達子森《たっこもり》です。森とはいっても小ぶりの山で、広々とした田んぼの中にあります。家族が亡くなれば3回は登り、山頂の神社にお参りするという習わしもありました。扇田小学校の校歌にも出てきます。

鎮守の森だっただけではありません。冬になればスキー場になるんです。今でこそいろいろなスキー場があり、車で行くことができますが、戦前、しかも小学生としてはスキー場といえば、ここだけでした。

正月も楽しみだったなあ。あんなにごちそうが食べられるときはありませんでしたから。

親類や大工、八百屋、魚屋ら普段お世話になって

昭和初期の扇田町中心部。後方が達子森、手前が米代川＝「比内町50年のあゆみ」から

いる方や家に出入りしている人を招き、座敷で一堂に会するんです。大人には酒が振る舞われ、子供は正月料理をいただきます。ハタハタの一本ずしを焼いたのがうまくてうまくて。味や匂い、うれしかったことなど、子供のころの記憶ってなかなか消えないものですね。

銀メシが食べたくて

昭和20（1945）年4月、旧制の県立大館中学校（大中《だいちゅう》）に進学しました。扇田町から歩いて通うのが、扇田尋常高等小学校（戦中は扇田国民学校）出身者の伝統で、汽車通は厳禁でした。徒歩で1時間20分ほどかかりました。旧制中学生たる者、この程度の距離を毎日歩けなくてどうする、などと粋がっていたのかもしれません。

最上級生の防空頭巾や弁当、くわを持つのが1年生の役目です。自分の分もありますから、結構な荷物になります。途中、扇田出身者で待ち合わせをして、大中が近づくと軍隊式に行進して校内に入りました。

グラウンドは豆畑になりました。授業の合間を縫って畑仕事もやらされました。そういえば、砂防ダムの土運びをさせられたこともあります。小学生のときには動員はありませんでしたから、中学生ともなると随分違うもんだと思ったものです。

同じく駆り出されるのでも、田植えは人気がありましてね。どうしてかっていうと、お昼に白米だけのご飯にありつけるからです。農家から「銀メシ」のおにぎりがもらえたんです。農家以外の家では麦か豆かイモ、場合によってはダイコンが交じっているのが普通でしたから。

学校でも農家の大中生がうらやましくて。だって弁当に銀メシを持ってくるからです。おにぎりなんか普通、多少は平べったいですよね。でも農家のは、どういうわけかボールのように真ん丸で「玉《だま》」と呼んでいました。中はみそ漬けや梅干しかな、外側を少しあぶってある「焼きメシ」のことが多かったようです。

学校では「弁当泥棒」もよく起きました。弁当をまるっきり持ってくることができないのか、

旧制の大館中に進み先輩たちと（左端）＝昭和21年

持ってきたが足りないのか、詳しくは分かりません。みんな10代半ばの食べ盛り。食べ物が十分あるわけではありませんから、腹が減って腹が減ってどうしようもなかったんだな、とあらためて思い返しています。

出征列車に物悲しさ

大館中学校（大中《だいちゅう》）も、住んでいた扇田町も戦争一色でした。生活の隅々まで戦争に染まっていたような気がします。

私自身、兵隊になるもんだと頭っから思っていました。迷いも疑問もありません。予科練（海軍飛行予科練習生）がいいのか、海軍兵学校なのか、それとも陸軍士官学校か…。どこへ志願したらいいのかということばかり考えていました。

大中では、陸軍幼年学校に進学するための特別クラスをつくっていました。15～16人いたかな。軍関係の学校はどこも難しかったのですが、その中でも幼年学校は最難関で、当時、少年たちの憧れの的でした。

扇田町では「徴兵振る舞い」がよく行われるようになりました。徴兵されたり、軍関係の学校に行くことになったりした場合、その家で親類や近所の人を招いて、飲んだり食べたりの振る舞いをするのです。

戦争中で食料も何もかも不足していました。それでも「徴兵振る舞い」だけは、各家々で精いっぱいのことをしようとしていました。

出征する人たちを扇田駅から見送りました。蒸気機関車がシュッシュッと蒸気を吐いて走りだします。程なく鳴る汽笛がどこか物悲しく響いたのを覚えています。

8月がやってきました。戦争に負けたんです。予科練も兵学校も目の前から消えてなくなってしまいました。中学1年ながらどうしていいか分からなくなりました。ただ、どこかほっとしたのも確かです。

終戦後、ざらめの配給があり、家で作ってもらったカルメラの甘さが妙に頭に残っています。それと進駐軍の米兵からもらった

友達と宴会のまね事をしたこともあった（手前）＝昭和20年代初め

チューインガム。それまで見たことも聞いたこともなかった代物です。先々のことなんて全く分かりませんでしたが、何かこれまでとは違うことが起きるのかなと感じたことが、カルメラやガムの甘さと入り交じって思い出されます。

中2の秋に初の栄冠

バスケットボールを始めたのは、旧制の大館中学校（大中《だいちゅう》）2年の春、バスケット部の先輩や顧問の先生から強く勧誘されたのがきっかけです。終戦の翌年、昭和21（1946）年のことでした。

終戦直後の混乱はやや収まり、少しずつ普通の暮らしを取り戻してきていました。親や兄に部のことを相談したら、「学業と部活の両立はなかなか大変だぞ」と言われました。でも何か熱中できるものがほしかったこともあり、入部を決めました。

当時、大中には「講堂」と「体操場」があり、体操場で練習をしました。体操場はどういうわけか「控え所《しょ》」と呼ぶこともありました。入学式や卒業式などで、講堂に入場する前に控える場所、という意味だったのかもしれません。

体操場は小さめのバスケットコート1面が取れる広さがあり、体操部と分け合って練習をしました。リングやボールは、今と比べてそんなに大きくは変わりません。ただ、まだ物資不足でバスケットシューズはなく、地下足袋を履いての練習です。地下足袋バスケなんて何かさまになりませんが、戦争が終わり、思いっ切り汗を流せるだけでも爽快でした。

旧制中学校は5年制なので、1～5年生が一緒に練習します。現在の中学1年生から高校2年生に当たりますから、随分体格の違う生徒がプレーすることになります。パス一つ取っても、上級生のは速く強くて、よく突き指をしました。茶わんや箸がうまく持てないなんていうことはしょっちゅうでした。

2年生の11月でした。ちょっとした転機がやって来ました。山形県酒田市で秋田、山形、

秋田、山形、新潟3県中学校バスケットボール大会で優勝（後列中央）＝昭和21年11月

新潟3県中学校バスケットボール大会が開かれました。そこで大中が優勝し、私のバスケ人生で初めて栄冠を手に入れたんです。うれしくてうれしくて。勝つってこういうことなんだ、こんなに気持ちがいいものなんだと思いました。

大中に入学し鳳鳴卒

旧制中学校は上下関係がきつくて、上級生が下級生を殴るなんていうことはしょっちゅうでした。こじつけであっても一定の理屈とかルールがあれば、まだ分かります。そんなのはなくて、気に食わないからという方が多かったようです。戦時中で中学校に将校が配属され、軍隊式の教育が行われていたことも拍車を掛けていたのかもしれません。

そこへ終戦になり、予科練（海軍飛行予科練習生）や海軍兵学校などに進んでいた卒業生が帰郷してきました。出征していた大館中学校（大中《だいちゅう》）OBも帰る所がなくて、古里に身を寄せることが多かったようです。

何が起きたかというと、バスケットボール部でいえば、部OBの元予科練や帰還兵たちが練習に顔を出すようになったんです。びんたでもげんこつでも、やられてきたことを部でもやるわけです。いやあ参りました。

ただ、悪いことばかりではありません。ＯＢには強くてうまい選手も当然います。生徒よりＯＢの方が多いときも結構ありました。胸を借りる格好でいい練習ができたのです。

そんな中、終戦から2年半後、一大事が起こりました。良くも悪くも憧れて入学した大中がなくなるというのです。

〈昭和23（1948）年4月、学制改革により新制の大館鳳鳴高校が発足。同時に併設中学校が設置された。旧制の大中生は学年により併設中学校か大館鳳鳴高校の生徒となった〉

私は23年3月に大中の3年生を終え、4月から新制鳳鳴高校の1年生となりました。妙な気持ちでしたよ。大

かばんのひもを極端に長くするのがはやりだった＝大館鳳鳴高1年生のころ

中に入り、卒業は鳳鳴なのですから。

制度上は大きな変化でしたが、いる生徒はほとんど同じですから、学校の中身が急に変わるわけではありません。確かに私は大館鳳鳴高卒です。でも少なくとも私が仕校しているうちは、生徒の気質はほとんど大中のままだったと思います。

憧れのワセダは遠く

大館鳳鳴高校のバスケットボール部時代、全県優勝はありませんでした。準決勝まででいったのが最高かな。一生懸命練習したし、個人個人はかなり力を持っていたんですが…。

でも、旧制の大館中学校（大中《だいちゅう》）にしろ、鳳鳴高校にしろ、扇田出身者はかなり頑張りましたよ。キャプテン、副キャプテンら主要メンバーの大半を扇田小学校の卒業生が占めたこともありましたから。

実は扇田には、扇田小学校から大中へ進んだ生徒でつくる「扇中会《せんちゅうかい》」というのがありましてね。日曜の午後、大抵は扇田小に集まり、野球とかバスケットボールとかをして遊ぶんです。遊ぶといってもバスケで大中の部員が数人集まれば、熱も入ります。力をつけるのに役立ちました。この集まりは、少なくとも私が鳳鳴高校を卒業するまでは続いていました。

大学は早稲田を受けました。一番上の兄孝一（故人）が進んだところで、何よりシンボルの角帽にずっと憧れていましたから。大中の3年先輩で、バスケット部のキャプテンだった熊田隆一さん（故人）が早稲田にいたことも大きかったんです。熊田さんはもともと東京の人でしたが、戦時中は母方の実家のある扇田に疎開していたのです。

受験で上京すると連絡をしたら「うちに泊まって受けろ」と言ってくれた上、上野駅まで迎えに来てくれました。お世話になるからと扇田から持ってきた米を背負い、田園調布にある自宅まで付いて行ってびっくりです。門構えも家もあまり

大館鳳鳴高3年、バスケットボール部の仲間たちと（中央）＝昭和25年

に立派だったからです。お父さんは高級官僚を経て銀行の頭取までやった人なんですから、当然なんでしょうけれど。

当時、熊田さんは早大バスケ部の副キャプテンをしていたので、口利きしてくれないかなあ、などと神頼みみたいなことを考えていました。でもあまり勉強していなかったからなあ。受けた政治経済、法、商の3学部とも見事不合格でした。

■辻さんと運命の出会い

明治に受かり東京へ

父は昭和19（1944）年の秋に亡くなっていました。私が大館鳳鳴高校を卒業する26年ごろには、母も衣料・雑貨店をやめていました。貧乏ではないにしろ、もうそんなに裕福ではないことは十分に分かっていました。そこで扇田町の自宅で浪人生活を送ることにしました。

目指すは早稲田です。それははっきりしています。でも今、思い返すとやっぱりあまり勉強に身が入りませんでした。息抜きと称してバスケットばかりやっていたような気がします。

2年目も早稲田はアウトでした。憧れの角帽も大隈講堂も目の前からすーっと消えて行きました。それで併願で受かった明治大学の商学部に進むことにしたのです。早稲田への未練もありましたが、明治の門をくぐり、吹っ切れました。昭和27年春のことです。

家族や親族とは本当にありがたいものです。取りあえず東京・南青山に住んでいた

3番目の姉ミホ（故人）宅に転がり込みました。姉は食料品会社の役員と結婚し、子供が2人いました。

　姉宅は父が建ててやると約束したとかで、青山通りに面する一等地にありました。住居兼貸し事務所の2階建てで、2階が住居、1階が貸し事務所だったと記憶しています。

　昭和20年代とはいっても、さすが東京です。戦争の傷跡がまだ残っていましたが、扇田や大館しか知らない者からすれば、活気あふれる都会です。ただ、小銭を恵んでもらおうと傷痍《しょうい》軍人が白装束で街のあちこちに立っていたのが忘れられません。

　人づてに杉並区の高円寺に「福寿荘」という下宿屋があると聞きました。東北人と九州人にしか貸さないと

卒業を間近に控え、大館鳳鳴高校のバスケットコートで＝昭和26年早春

いうちょっと変わったおばあさんが大家で、扇田出身の学生も4、5人いました。全て個室で部屋は4畳半、賄いは朝夕の2回です。

鼻穴が真っ黒になる汽車で帰省、夏休みを扇田で過ごし、福寿荘での下宿生活を始めたのは、その年の2学期でした。

明治チームの支え役

杉並・高円寺の下宿屋「福寿荘」は2階建てで、4畳半の個室が各階10ずつ、全部で20ありました。かなり大きい下宿屋と言っていいでしょうね。ほとんど学生でした。トイレはもちろん共同で、風呂は近くの銭湯に通いました。朝夕の賄いは下宿の食堂で食べます。

扇田出身者が一番多いときで5人いました。同じ学年でなくても、同郷ですから全員顔見知りです。普段は標準語をしゃべっていますが、扇田出身者が集まれば、もうなまり丸出しで盛り上がっていました。

明治大での部活動は迷わずバスケットボールを選びました。大館鳳鳴高校では一度も優勝の喜びに浸れなかったので、大学で何とかしてやろうと思ったのです。高校なんか比べものにならないほどハードな練習に取り組みました。

でも世間は広いものです。そう気付かされました。大学には全国からいい選手が集まってきます。大学側も有望な選手をスカウトします。当時、関東で強かったのは立教大、東京教育大（現筑波大）、早稲田大、明治大あたりだったかな。

体格もいいし、動きも俊敏な選手がいくらでもいました。私の身長は175センチちょっと。190センチもあるのに動きも素早いんですよ。

一番印象深いのは新潟県出身の今泉健一選手かな。学年が同じで、明治に入ってすぐレギュラーになりました。後にメルボルン（1956年）とローマ（60年）の五輪に連続出場しましたが、今泉選手なら当然だと思いました。

私は結局レギュラーにはなれず、チームの支え

大学2年の冬、同郷の友人たちと（中央）＝昭和29年1月、北秋田郡扇田町

役に回るようになりました。マネジャーやトレーナー、2軍のコーチもやりました。実力差を嫌というほど見せつけられ、悔しいというより自然と支える側になろうという気持ちになりました。

この経験が後に生きてくることになるとは、このときは思ってもみませんでした。

人気ゼミで原書読む

明治大の1、2年生のときは杉並区の和泉《いずみ》キャンパス、3年生からは千代田区神田の駿河台キャンパスに通いました。3年になると同時に、教授の下で少人数で勉強するゼミナールにも入りました。

私が選んだのは明治の名物教授で、当時学長でもあった春日井薫先生（故人）の金融論ゼミです。先生の講義は教室から人があふれ、廊下からのぞき込むように聴講する学生がいるほど人気がありました。

当然、ゼミも人気があり倍率も高かったのですが、どうにか試験をパスすることができました。3、4年生15人ずつ、計30人程度のゼミでした。

英国の有名な経済学者マーシャルの主著「経済学原理」を原書で読まされました。そのほかにも、しょっちゅう課題が出て、リポートを提出したり、研究発表をしたりと結構アカデミックでしたね。

「君、就職は日本銀行を受けたまえ」。先生から言われたことがあります。とても自分なんか…。「先生、冗談も半分半分にしてください」と答えると、「教え子が日銀秋田支店にいるのでね」とのことでした。どこまで本気で、どこまで本当だったのか、もう分かりませんが。

先生はゴルフがシングルハンディ、スキーもうまかったんじゃなかったかな。ゼミで群馬の草津温泉にスキーに行ったこともあったくらいですから。

3年生の夏には住む所も変わりました。杉並区の西荻窪にあった同和鉱業の独身寮に入ったのです。同和鉱業の本社に当時、2番目の兄徳弥（故人）が勤めていたので、その縁で空いていた部屋を紹介してもらいました。日本大に通っていた弟の昭八郎も翌年、入寮してきました。

外で一杯飲んできて夕食はいらないという社員も多く、毎日2人前の夕ご飯を食べているようなものでした。寮費は徳弥兄に払ってもらいました。兄弟のありがたみをしみじみ感じた時期でもありました。

就職先がらりと変更

ゼミが忙しくなってきたこともあり、バスケットボール部の練習は3年生の終わりごろでやめ、4年生になると早速、就職活動を始めました。1浪して明治大に入ったので、その分、親や兄弟に負担をかけたことになります。弟も日本大の3年生になったばかりでした。なるべく早く自立しなければと思ったわけです。

いろいろ回りましたが、名古屋にある医療機器メーカーに行くことにしました。親戚に病院関係者がいて、その方の口添えもあって決めました。

ところがです。ちょっとしたことで就職先ががらっと変わったのです。名古屋に行っていれば、全く違う人生になっていたに違いありません。本当に不思議な感じがします。

昭和30（1955）年の暮れのことです。いつものように汽車で帰省して、乗り換えのため、秋田駅のプラットホームで新聞を読みながら、そばをすすっていました。そこに「秋田いすゞ自動車の社員募集」の広告が載っていたんです。医療機器も悪くはないが、「これからはクルマの時代だ」と何かに書いてあったか、誰かが言っていたのを思い出しました。

〈昭和30年、通産省（現経済産業省）が最高時速100キロ以上、定員4人などとする「国民車構想」を打ち出した。後のモータリゼーションを後押しするきっかけとなる。同年、トヨタは「クラウン」を発表〉

いすゞを受けてみようと思い立ちました。手書きの履歴書を急いで用意し、秋田市大町にあった秋田いすゞ自動車の本社に提出しました。試験は正月明けということでしたので、いったん比内町扇田に帰りました。

試験は14～15人受けたはずです。簿記はちんぷんかんぷんで、「分かりません」と書いたのを覚えていいま

昭和30年代の秋田駅舎＝秋田市の田宮利雄さん提供

す。辻兵吉社長とは試験の面接で初めて会いました。そのときまで名前も知りませんでした。

辻社長の貫禄に敬服

昭和31（1956）年早々、秋田いすゞ自動車の入社試験で初めて会った辻兵吉社長は、若かったけれど、貫禄がありました。私より六つ上、30歳になるかならないかのころでした。体が大きいし、顔立ちのせいもあるのでしょうが、代々受け継いできたものが雰囲気として現れているのだと思いました。

〈秋田いすゞ自動車は昭和22年、辻兵グループの一つとして設立された。中核の辻兵は安政3（1856）年創業の呉服の老舗。5代目を襲名した辻兵吉氏は昭和30年から、両社の社長を務めていた〉

実は試験を受けて、まるっきり勘違いしていることに気が付きました。秋田いすゞは、いすゞ自動車の秋田支社か営業所だと思っていたのです。実際は独立した自動車販売会社なのですが、いやぁー、おっちょこちょいというか、どじというか。

でも辻社長の面接を受けているうち、思い直しました。「君、中学、高校、大学とバスケットをやってきたそうだね」と大好きなスポーツの話が出たんです。こうも言ってくれました。「仮に秋田いすゞに入社しても続けるかね」

そのときはどういうことを意味しているのか、はっきりは分かりませんでした。秋田いすゞにバスケットチームをつくるという話を聞くのは、入社後、しばらくしてからです。もしかしたら辻社長の頭の中には当時、既にチーム設立の考えがあったのかもしれません。

社会人になってもバスケットが続けられるなんて、考えてもいませんでしたから、思わずこう答えたのを覚えています。「ぜひやらせて

秋田いすゞに入社後、辻社長(左)と(中央)=昭和30年代後半、場所不明

ください」

1週間ぐらいして結果の通知が届きました。恐る恐る封書を開けてみたら、採用です。先に受かっていた名古屋の医療機器メーカーにしようかどうかの迷いはもうありませんでした。バスケットに理解のある社長だし、何より古里秋田に就職して母を安心させたかったのです。

営林局に冷や汗営業

入社した昭和31（1956）年ごろ、辻兵は秋田市大町の秋田ニューシティ（ダイエー）のあった場所にありました。秋田いすゞ自動車はその向かい側、今のイーホテルの辺りが本社でした。

辻兵は時代劇に出てきそうな店構えで、いかにも老舗という風情でした。もし残っていたら、ちょっとした文化遺産になったのではないでしょうか。それに比べれば、戦後にできた秋田いすゞの事務所は、机と椅子、ロッカーが並べてあるだけで、やや味気ない感じがしました。

仕事は営業でした。入って間もなくのころです。お得意さまの招待旅行とかで、先輩社員らがみんな伊勢神宮のお参りに出掛けてしまったんです。私一人が残っていたところに、秋田営林局（現東北森林管理局）から、トラックの説明に来てほしいとの電話が来ました。

営林局では当時、木材運搬を森林軌道からトラックに切り替えている最中でした。そのトラックのことを聞きたいということのようでした。

入社したばかりで、クルマのことがまだよく頭に入っていません。手当たり次第にカタログを風呂敷に包み、自転車で営林局に向かいました。クルマのセールスマンが自転車なんて変に思うかもしれませんが、免許なんて高根の花でした。

「2週間前に入社したばかりです。何も分かりません。よろしくお願いします」と頭を下げたら、あちらはあちらで詳しい人がいて、カタログを見ながら逆に説明してくれました。

山道や悪路を走るのに適した車種が欲しいということで、いすゞ以外に同種のトラックを製造しているところはありませんでした。営林局が羽振りが

風情のあるかつての辻兵の店舗＝秋田市大町

いい時代だったことも私に幸いしました。

冷や汗たらたらのセールスながら、正式契約を結び、7台ぐらい売りました。確か1台1千万円近くしたはずですから、新人としては上出来の滑り出しだったといえるかもしれません。

■

秋田いすゞが全県一に

コートも自前で用意

入社して2、3カ月たっていましたから、昭和31（1956）年の6月か7月だったと思います。辻兵吉社長から「バスケットボール部をつくりたい。君が中心になってやってくれないか」という話がありました。

入社試験の面接で「秋田いすゞに入ってもバスケットを続けるかね」と聞かれた意味がやっと分かりました。辻社長としては前年の30年にバスケット部の設立を決めていたようです。

全国的に労働運動が盛んでした。秋田いすゞでは労使が対立するなんていうことはありませんでしたが、もっと社員たちに一体感を持ってもらいたいんだと、辻社長はバスケット部をつくる理由を話していました。

〈昭和31年の「経済白書」は「もはや戦後ではない」とうたい、流行語となった。労組が一斉に賃上げなどを要求する「春闘」が始まったのもこの年〉

私もやる気満々でしたが、さてどうすればいいのか随分思案しました。バスケット経験者は辻社長と私ぐらい。中学や高校で遊び程度にやってきた社員はいましたが、ほとんど素人です。辻社長と相談して、当面は今いる社員で練習し、翌32年から高校で活躍した選手を社員に採用してもらうことにしました。

辻兵の敷地（後の秋田ニューシティ）内の庭をつぶし、土のバスケットコートを造ってもらいました。土木業者が庭石や木々を取り除き、ローラーで整地をしていました。屋外とはいえ、ちゃんと正式の広さのあるコートでしたよ。3カ月ぐらいかかったかな。秋には使えるようになりました。

秋田いすゞ自動車本社前で＝昭和30年代初め、秋田市大町

会社にバスケット部をつくるのもすごいと思いましたが、自分の屋敷にバスケットコートまでさっさと造ってしまう辻社長の早業には、びっくりさせられました。部員5人。私は選手兼監督。「秋田いすゞバスケットボール部」の旗揚げです。ところが間もなく、思わぬアクシデントに見舞われることになります。

バスケで初の大けが

バスケットは急に止まったり、走りだしたり、くるっと方向を変えたりと激しく動き回るスポーツです。土のバスケットコートではどうしても滑ります。念願のバスケット部ができて、殊のほか張り切っていたのでしょう。練習でずるっと滑り、右足のアキレスけんを切ってしまいました。

明治大のバスケ部では3年生で現役を退き、4年生の1年間は練習をしませんでした。社会人になってからは残業に加え、接待や付き合いで宴席も多く、不規則な生活になっていました。体がなまっているのに、現役の感覚で動こうとしたから起きたアクシデントでした。

旧制大館中学校2年のときにバスケットを始めてから、初めての大けがです。1カ月以上、秋田赤十字病院に入院しました。実はその1年後、今度は左足のアキレスけんを切ってしまいます。場所は秋田工業高校の体育館で板張りです。土のコートでもないのに体が言うことを聞かなくなっていたのでしょう。それ以後は監督に専念することにしました。

秋田いすゞバスケ部をつくるときから、ひそかに狙っていたことがありました。全県一になることです。辻兵吉社長も表だって口にすることはありませんでしたが、スポーツはやはり勝ってこそ挑戦する意味があるという点では、同じ考えを持っていたはずです。

だから必死でした。バスケ部を設立して3、4年後の昭和34年か35年だったはずです。たまたま秋田市に合宿に来ていた東京教育大（現筑波大）の吉井四郎監督（故人）に、いすゞチームの指導をお願いしました。合宿している所に出向き、直談判して了解してもらったんです。吉井監督は後に東京五輪男子バスケチームの監督を

営業もバスケット部監督としてもフル回転＝昭和40年代

務める日本トップレベルの指導者でした。

面白いものです。指導者がいいと選手はめきめき上達するんです。勝つためなら、何でもやってやるという気持ちでした。

聞き上手だった社長

辻兵吉社長と初めて会ったとき、正直、おっかない人だと思いました。でも社長の下で仕事をするうち、とても魅力的で包容力のある方だということが分かってきました。

ああしろ、こうしろとは決して言いません。言葉の端々はもちろん、物腰全体から「おまえに任せているんだから」という思いのようなものが伝わってくるのです。

例えば、会議をしているとき、辻社長は目をつむって黙って聞いています。そして時々、こんなふうに言ってきます。「今月は売り上げがよくないようだが、原因は何だと思うかね」「何か困っていることがあるんじゃないのかね」

担当者たちに水を向け、いろいろしゃべらせようとするわけです。しかも辻社長は「聞き上手」です。自然と会議は白熱してきます。困っていることや課題をどんどん出し合い、解決策を探します。

「部長や課長らにそれぞれ任せている」「各ポジションで自分なりに考えて判断し、

困ったことが出てきたらみんなで知恵を出し合おうじゃないか」。辻社長のやり方はこんなふうにまとめることができます。

いちいち上に伺いを立てて、指示を仰がないと物事が進まないような会社では困りますし、人材も育ってきません。

私も経営陣に加わるようになって分かりましたが、部下に任せることは確かに難しいんです。どうしても口を出したくなるし、そのうちこらえ切れなくなって指示を出してしまいがちです。でもそこが「我慢のしどころ」なのです。

今でも忘れられない光景があります。クルマが故障したと顧客から連絡があり、社長自ら整備士

長野県で開かれた第33回国体で辻社長（右）と＝昭和53年

を連れて現場に向かいました。大雨の日です。私も遅れて駆け付けてみると、辻社長は整備士に傘を差し、自分はずぶぬれになりながらじっと作業を見守っていました。上に立つ者の姿を見たような気がしました。

妻の支えあってこそ

教師をしていた一番上の姉トシ（故人）から縁談を持ち掛けられました。同じ高校教師でとにかく気立てがいい女性だからと姉が強く勧めるのです。

良子《りょうこ》という相手の名前を聞いてすぐピンときました。それというのも、私と同い年で、大館桂高校時代には陸上と距離スキーの選手として有名だったからです。新聞なんかもよくにぎわしていました。そういえば姉の後輩教師ということで、比内町扇田の私の実家に以前、来たことがあったようです。

昭和34（1959）年のことで、秋田いすゞ自動車に入って3年たっていました。そろそろ身を固めようと思い、姉に話を進めてもらいました。

縁談が正式に決まった際、酒を飲み過ぎて玄関で転んでしまったのを覚えています。その後、2人で大館駅前の映画館「御成座」に行ったのですが、私は不覚にも寝込んでしまいました。帰り際、「いびきがあまり大きくて、隣に座っていられなかったわ」と言われました。

結婚が決まり、緊張したというか、気恥ずかしさも手伝って、つい酒で紛らわせようとしたのかもしれません。

結婚で私は「宇《う》津《つ》橋《はし》昭三郎」から、現在の「蒔苗昭三郎」に変わりました。婿入りに抵抗感がなかったわけではありませんが、妻良子と一緒に暮らしていければいいという思いの方が強かったのです。

妻は教師を辞め、当時、秋田市山王にあった秋田いすゞ自動車の社宅で結婚生活を始めました。私はいすゞの仕事に加え、バスケット部のことで忙しく、家にはあまりいませんでした。

私の給料がなくなる月末にはバスケ部員の給料

結婚する直前の妻良子＝昭和33年ごろ

もなくなります。部員らをよく家に連れて帰り、妻に夕ご飯を見繕ってもらいました。嫁入りの着物を質入れしてお金を工面したこともあったようです。妻が家庭を守り、子育てをしてくれたからこそ、私は心置きなく仕事もバスケもできました。妻には心から感謝しています。

バスケと仕事を両立

バスケットボール部をつくるからには、勝ちたいとずっと考えていました。父や母からたたき込まれた「負けるな」の思いがむくむくと湧き起こってきたのです。大館鳳鳴高や明治大でろくに勝てなかった悔しさもバネになりました。

秋田いすゞ自動車に入社してわずか2年間で両足のアキレスけんを切ったことも、今では幸いなことだったような気がします。選手としてはもう駄目で、監督に専念するしかなくなったわけですから。

選手を支え、チームをまとめることには自信がありました。明治ではレギュラーにはなれなかった代わりに、2軍のコーチをしたり、ときにはマネジャー役やトレーナー役も務めてきたからです。

いすゞバスケット部が本格的に活動し始めて2年目の昭和32（1957）年から、高校で活躍した選手を社員採用するようになりました。この年は前の年の県高校総体で優勝した秋田工業高の仲村悦男、戸部弘、太田一雄、石山和男といった選手が入部してきました。

私は20代半ば。高卒といえば弟のようなものですから、随分ハッパを掛けたし、がんがん練習しましたよ。全県トップ、さらにその上を目指すには、とにかく練習するしかないと思い定めていました。

仕事もきちんとやってもらいました。社員に採用したのですから、働いて業績を挙げてもらわないと困ります。

昼は仕事、夜はバスケットの練習と部員は大変だったでしょう。でもね。バスケット部の活動を通し、社会人としてのルールを身に付けた人材を育て、その人材に業務を通じて会社に貢献してもらおう。そう考えていたのです。辻兵吉社長も全く同じ意見でした。

欲張りな考えに見えるかもしれませんが、少しずつ結果が出

秋田いすゞバスケット部の試合風景
＝昭和30年代初め

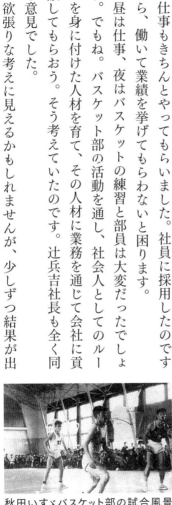

るようになりました。バスケット部が勝てるようになってきたのです。

県内では負けなしに

昭和34（1959）年、秋田いすゞバスケットボール部が本格始動して4年目に入っていました。県男女総合選手権大会で初めて優勝しました。高校、大学から社会人まで参加するこの大会で勝つことが全県一になることを意味します。

いやあ、久々の快感でした。旧制大館中学校の2年生のとき、秋田・山形・新潟3県中学校バスケット大会で初めて栄冠を手にしたことがよみがえってきました。スポーツで勝つことのうれしさに、年齢はやはり関係ありませんね。

それから県内では、ほぼ「負けなし」でした。県内の高校で活躍した選手を社員採用することで戦力を確保し、機会を見つけては優秀な指導者にいすゞチームを見てもらうことで実戦力を養いました。

当時、実業団やクラブチームで強かったのは秋田鉄道管理局、同和小坂、三菱金属秋田、秋友会（秋田工業高ＯＢ）あたりだったかな。高校では能代工業が力を付けてきていました。

日本体育大を卒業した加藤廣志さんが35年、母校能代工業高のバスケット部の監督に就任したのです。まだ23歳だったでしょうか。当初からバスケットに懸ける執念を感じました。

既に全県一だったいすゞは、加藤監督からよく練習試合を申し込まれました。可能な限り受けるわけですが、加藤監督は能代工業が負けるたびに「もう1試合」と頼んできたものです。

最初は胸を貸していたつもりでしたが、どんどん追い上げられ、加藤監督をライバル視するようになりました。42年の埼玉国体で能代工業は初めて全国制覇を果たします。「超高校級」に育ってきていたのです。

私にとってもいすゞにとっても、痛恨の日がやって来ま

初めて全県一になった昭和34年当時の秋田いすゞメンバー

した。45年の県男女総合選手権の決勝で能代工業に初めて敗れたのです。

能工高に痛恨の敗北

今でも忘れられない敗北です。いくら能代工業とはいえ、高校生は高校生です。社会人のいすゞが負けるなんていうことはあり得ません。でもそれは全く甘かったのです。しかも大差の負けでした。

〈昭和45（1970）年4月27日付の秋田魁新報は、「能代工が大金星」という見出しで試合結果を報じた。スコアは能代工73―49いすゞ。「能代工は立ち上がりからスピードに乗った攻めで、（中略）いすゞを防戦一方に押しやった」「往時のいすゞの技量は面影すら感じられなかった」と記した〉

いすゞが本格的に大会に出始めたのは32年です。45年といえばそれから10年以上たち、新旧のメンバーを入れ替える時期を迎えていました。能代工との決勝はもちろん、準決勝でも苦戦するなどどこか歯車が狂っていました。36年から勝ち続け、45年の能代工業戦はちょうど10連覇が懸かっていました。それもふいにしてしまって。悔しいというか、情けないというか…。

こちらがふがいなかったのは確かですが、あの年の能代工業は本当に強かった。インターハイも国体も制しました。韓国で開かれたアジアユースの日本代表チームにも選手を送り出し、ほとんど能代工業勢で固めて準優勝したと記憶しています。

いやあ、とにかく、いいメンバーがそろっていましたよ。山本浩二選手は後に明治大でキャプテンを務め、日本鋼管時代にモントリオール五輪（1976年）に出場しました。三沢辰夫選手は日本体育大の主将を経て、熊谷組で活躍しました。

この後、能代工業高が加藤廣志監督の下、全国制覇を積み上げていくのは、誰もが知っている通りです。

能代工が大金星
女子は角館南が初優勝

第二十五回全県総合バスケットボール大会は最終日の二十六日午前九時から県立体育館で男子準決勝に続いて男女決勝が行なわれ、男子は能代工が秋田いすゞの十連勝をはばみ、王座につく大金星をあげて初優勝。女子は角館南が秋市立をくだし初優勝を飾った。

【男子】▽準決勝
能代工 115－32 秋工ク
秋田いすゞ 62－50 三菱秋田
▽決勝
能代工 73 42 秋田いすゞ

男子決勝は過去九連勝の一般秋田いすゞと高校の能代工との対決となった。準決勝では能代工が大差で決勝進出を決めれば、一般秋田いすゞは三菱秋田の善戦にあって苦戦するなど対照的。

能代工は昨年の全国大会でベスト4入りしたメンバーから川本ただ一人抜けただけ。長身選手をそろえ練習量も十分。

一方、秋田いすゞは新旧メンバーの入り替え時でチームのまとまりに欠けていた。能代工は立ち上がりからスピードにのった攻め。小玉、佐々木が中距離からのジャンプシュートや鋭いカットインで、いすゞを防戦一方に押しやった。

いすゞは攻めても能工の激しい当たりに負けてわずかに三浦、本間がゴール下、ポストから得点しただけ。

スピードにまさる能工の攻防をはねのけるだけの往時のいすゞの技りょうは面影すら感じられなかった。

能工は前半から点差をはなし後半もいすゞの動きを完全に止め圧勝した。

【女子】▽決勝
角館南 54 36 秋市立

女子は前日、昨年優勝の能代北をくだした秋市立の活躍が注目されたが、角館南は畠山、奥山、真崎らが市立の防御の甘さをうまくつき着実に加点し前半で十一点

「能代工が大金星」との見出しで秋田いすゞの敗退を伝える秋田魁新報の記事＝昭和45年4月27日付

加藤監督という良きライバルがいたからこそ、今の自分があると思っています。加藤監督も同じように思っていてくれると聞いたときには、胸が熱くなりました。

■成し遂げた日本一の夢

GMの工場群に驚く

昭和46（1971）年、いすゞ自動車が米国ゼネラル・モーターズ（GM）と資本提携した際、アメリカの視察研修に出してもらいました。いすゞ本社のほか、秋田いすゞ自動車のような地方の販売会社からも行くことになったのです。全部で10人余りのグループでした。

外国に行くのも飛行機に乗るのも初めてです。大の大人がと笑われるかもしれませんが、身の周りで外国へ行く人はまだほとんどいない時代で、羽田空港から日本航空の大型ジェット旅客機ダグラスDC8で飛び立つときは少し高揚しました。

〈観光目的の海外渡航が自由化されたのは、東京五輪の開催を半年後に控えた昭和39年4月。40年代半ばは渡航者が増えてきたとはいえ、海外旅行はまだ一般的ではなかった。日航のDC8は戦後の高度成長を象徴する花形機だった〉

出発前、辻兵吉社長から餞別《せんべつ》を頂きました。確か500ドルです。当時1ドルが

360円でしたから、18万円ということになります。ありがたい半面、すごく恐縮したのを覚えています。

給油のためハワイに立ち寄り、ホノルル空港内で少し時間をつぶしました。どこからともなくパイナップルの匂いがしてきます。日本では秋風が吹きだす10月なのに、空は青いし、暖かいし、世界にはこんな所もあるのかと思いました。

西海岸のサンフランシスコで降りて、国内線でGMの本拠地デトロイトに向かいました。

〈米国中西部有数の都市デトロイトは20世紀初頭から、自動車産業で隆盛を極めた。GM、クライスラー、フォードはビッグ3と呼ばれ、世界

米国を視察研修中の一こま＝昭和46年

を代表する企業であった〉

初めて間近に見るアメリカでした。広大な敷地に巨大な工場が立ち並んでいました。世界最大の工場群を目の当たりにして、最初に頭をよぎったのは、なんでこんな国と戦争をしたんだろうということでした。

本場の車生産に感心

ははあ、クルマってこうやって造るのかと感心しました。自動車販売会社に勤めているとはいえ、生産ラインを見る機会はそんなに多くはありません。しかも昭和46（1971）年当時、自動車産業の本場はまだ何といってもアメリカでした。

〈自動車は流れ作業で製造される。ベルトコンベアーで流れてくる車体に部品を取り付け、加工し完成させる。このライン生産方式による自動車生産は20世紀初め、米国で始まった〉

一番印象深かったのは、ゼネラル・モーターズ（GM）にしろ、フォードにしろ、社員が誇りを持って仕事をしていることでした。自信がみなぎっている感じでした。

だからなのでしょう。1980年代に貿易摩擦が激しくなり、日本車をたたき壊すようなことが起きたのは。小型低燃費の日本車に市場を奪われて、彼らの誇りが傷つけられたのだと想像できました。

販売店回りもしました。営業担当役員とか営業部長とかが、どんな働き方をしているかを学ぶ研修でした。

上級管理職は一般従業員より30分ぐらい早く出社、従業員のその日の営業日程を確認して、アドバイスをしたり手直しをしたりしていました。従業員は外回りから帰れば、報告書を書いて管理職に提出、チェックを受けて帰宅していました。

5時になったから「はい帰ります」という場面は見掛けませんでした。管理職も従業員も結構、残業しているようでした。

日本と違うのは、例えば営業部長と営業課

垂れ幕に「ようこそ、いすゞご一行様」とある。米国で出迎えを受ける研修団＝昭和46年

長の仕事の分担が、はっきり分かれていることです。その場その場で適宜判断するというよりも、これは部長の仕事、それは課長の仕事とすごく明確でした。

ですから部長が自分の仕事なのに、「課長、ちょっとこれ、やっておいてくれ」というのは通用しません。アメリカ式のドライな考え方なのかなと思ったものです。

風情のある芸者接待

辻兵グループ会社の宴席は格式がありました。秋田いすゞ自動車のお客さんの接待で料亭に出入りするようになって、老舗とか名家と呼ばれるところは、酒の飲み方まで違うんだなあと思ったものです。

辻兵吉社長の大叔父の辻隆吉専務は明治生まれでした（ともに故人）。辻社長より30歳ほど上だったでしょうか。昔の礼儀作法をよく知り、大事にしていました。

辻専務はその日の夜に接待があるとなると、昼のうちに秋田銀行に使いを出し、500円札とか千円札をパリパリのピン札に換え、のし袋に入れます。宴席には羽織はかま姿で現れ、お客さんをもてなします。

宴席が終わりに近づくと、辻専務はたもとからのし袋を取り出し、芸者一人一人に「はい」と言って渡すのです。そのしぐさや物腰には品があり、どこか威厳さえ感じました。

昭和30年代から40年代にかけての話です。秋田いすゞに入社した31（1956）年、私の初任給は8千円ぐらいでしたから、結構な額の花代でした。

料亭での宴席は、20代半ばの一介の会社員が行けるような所ではありません。費用を含めて会社員にはあまりにも高根の花で、社長や専務に連れて行ってもらって、初めて入ることのできる世界でした。

秋田いすゞバスケット部の練習は毎日夜にあり、休むわけにはいきません。接待にはどうしても遅れてしまいます。そんなときは、見よう見まねではありますが、芸者さんにクルマのセールスの仕方を覚えてもらい、宴席で私に代わって勧誘してもらいました。どんなセールストークだったのか、よく知りませんが、お客さんの方もまんざらではない様子でしたね。

秋田いすゞ自動車竿燈会の初代会長も務めた辻隆吉専務

「辻兵のあんさん」「姉はん方」。宴席での客と芸者の呼び方は確かそんなふうでした。今と違って風情というものがまだ残っている時代でした。

小浜さんがコーチに

昭和56（1981）年の初めだったと思います。小浜元孝さんから「折り入って話があります。会ってもらえませんか」という連絡が入りました。

小浜さんは東京出身で、高校時代にインターハイのバスケットボールで準優勝しました。日本鉱業で現役を退いた後、指導者となり、全日本男子の監督を務めた経験もありました。私と同い年で当時48歳。連絡をもらったころは、バスケットを通じた知り合いという間柄でした。

たまたま私の次女が東京歯科大学を受験するときで、付き添いで上京し、宿泊先のホテルで小浜さんと落ち合いました。話は思いもよらぬものでした。

「蒔苗さん、秋田いすゞで一緒に日本一を狙いませんか。ぜひコーチをやらせてください」

小浜さんは当時、どこのチームにも所属しておらず、内心期するものがあったようです。

実は私の胸の内にも、たまっているものがありました。秋田いすゞは昭和45年に能代工業高に負けて以来、県男女総合バスケット選手権は負けなしで、東北男女総合選手権でも勝ち続けていました。でも全日本レベルになると歯が立ちません。特に大学チームに負けるのが悔しくて…。どうにかならないものかと前々から思っていたのです。

ただ、私の一存で決められる話ではありません。「辻兵吉社長と相談してみます」と答え、その場はいったん、お引き取り願いました。

社長はどう考えるだろう。あれこれ思案しながら秋田に戻り、小浜さんの話をしました。

社長の反応は明快でした。目を閉じて、腕を組み、ちょっと考えるそぶりを見せたかと思うと、「小浜君をコーチに招いて、全国一を狙ってみようじゃないか。そろそろ全県一、

小浜コーチの指導の下、日本リーグ２部で戦う秋田いすゞ（赤ユニホーム）＝昭和57年

東北一の殻を破る時期かもしれない」と言ったのです。
辻社長のゴーサインを得て、日本一を目指す試みが始まりました。

米国選手で戦力補う

小浜元孝さんは指導者になってから、米国の大学バスケットで名門のケンタッキー大学にコーチの修業に行っています。指導者として将来を見込まれていた証しです。

小浜さんにコーチをお願いした昭和50年代半ば、秋田いすゞは県内の高校で活躍した選手が中心でした。たまに大卒の選手も採用しましたが、大学のスター選手は秋田いすゞなんか見向きもしてくれません。

選手をスカウトするため、結構上京しましたよ。トップクラスの選手に連絡をつけて、ラーメン屋に毛の生えたような中華料理店で会ったことがありました。気もそぞろなので理由を聞くと、この後、強豪実業団チームの関係者と高級料亭で会う約束なので、と言うんです。

会う場所一つ取っても違っていたんです。給料をはじめ条件面でも、いすゞが太刀打ちできそうにありません。こりゃ駄目だと思いましたね。

日本一を狙うにしても10年もかけるわけにはいきません。地方の中小企業としては、どんなに長くても5年以内に結果を出す必要がありました。

そこで思い付いたのが外国人で補強することだったのです。ルールブックを見ても、メンバーは日本人に限るとか、外国人をメンバーに入れてはいけないとは書いていませんでしたから。

ここで小浜コーチのケンタッキー修業が生きました。コーチ自身に渡米してもらい、人脈を頼って選手を探してきてもらったのです。

秋田いすゞ入りしたのは来日の順に、ラボン・ウィリアムズ、ジャック・ギブンス、テッド・ヤング、デリック・フォードの選手たちです。

何と言っても思い出深いのはギブンス

NBA経験もあるジャック・ギブンス選手（右）＝昭和58年

選手です。ケンタッキー大在学中に大学選手権の最優秀選手に輝き、アメリカのプロバスケットリーグNBAチームの在籍経験もありました。彼なくして日本一は考えられなかったと今でも思っています。

バスケでかなえる夢

ジャック・ギブンス選手から面白い逸話を聞きました。子供時分、誕生日のプレゼントとして、母親から家の庭にバスケットリングを設置してもらい、毎日、「マネー（お金）、マネー」と言いながらシュート練習を繰り返していたというのです。

金の亡者なのではありませんよ。自分の力で成功を勝ち取るアメリカン・ドリームです。いつか有名なプロバスケ選手になって、自分はもちろん、親も楽をさせたいということでした。

実際、ギブンス選手は本当に紳士でした。アメリカ人ですから、契約についてはうるさい面もありましたが、金銭面でどうのこうのと、もめたことはありません。

弟分に当たるテッド・ヤング選手と毎週のように連れ立って、ホテルのレストランでフルコースの食事をしていたのを思い出します。2人ともきちっと正装し、食事マナーもしっかりしていました。アメリカの一流プロスポーツ選手は、生活面でも人間的にも優れているということを2人から教わりました。

　ギブンス選手の技量はレベルが違いました。恐らく当時、国内選手の中では1、2位を争うくらいだったと思います。彼からヤング選手や日本人選手が習う格好で力を付けていきました。日に日に上達していくのが分かりました。

　ギブンス選手もヤング選手も褒め方がうまいんですよ。「やるじゃないか」「最高」「俺よりうまいね」。一緒にプレーしながら、そう言ってチームメートを乗せていくんです。やる気を引き出して、選手に自分の殻を破らせようというやり方なんだなと受け止めました。

　もちろんチーム全体を見回しているのは、小浜元孝コーチです。いすゞが力を付けてきたとはいえ、全国には大学出の一流選手で固めた強豪チームがひしめいています。どう打ち破るのか。小浜コーチの指導力や作戦も試されていました。

シュートを決めるテッド・ヤング選手（左）＝昭和59年

日鉱に快勝し日本一

秋田市新屋の日吉神社にお参りをしてから東京に向かいました。昭和59（1984）年初めの全日本総合バスケットボール選手権大会に出場するためです。高校、大学、社会人が参加するこの大会で勝てば日本一として男子には天皇杯、女子には皇后杯が与えられます。

ぜひ勝ちたかった。でも、勝負はやってみないと分かりません。運も要りますからね。ヤマ場はやっぱり準決勝の松下電器戦だったでしょうか。3連覇を目指す松下の執念はすさまじかった。ここをぎりぎりしのいだことで優勝が見えてきました。

実は準決勝後に、テッド・ヤング選手が腹痛を起こしたんです。食べ合わせが悪かったのと試合の緊張感が重なったようでした。彼は医者嫌いでしたが、無理やり応急処置を受けさせ、決勝に備えました。

ジャック・ギブンス選手に加え、ヤング選手も優勝には欠かせなかったからです。決勝でも調子が悪そうでしたが、本当によく頑張ってくれました。

メンバーは誰一人として忘れられません。高校出身では佐藤重久、芳賀良輝、梅津卓、今井雅明、近藤利幸、渡部三佐雄の各選手。大学出では舟木喜美雄、松尾進、原田秀敏、松岡博英の選手たちです。わずか3年で地方の中小企業チームを日本一に導いた小浜元孝コーチの手腕も、さすがです。

スコアは「秋田いすゞ65—48日本鉱業」。ふたを開けてみればいすゞの快勝でした。

妻の昌子さんと一緒に観戦していた辻兵吉社長は大会期間中、ワイシャツを替えず、会

全日本総合バスケで初優勝を決めた瞬間＝昭和59年1月8日、代々木第2体育館

場からホテルまで帰るタクシーの道順も変えなかったと聞きました。縁起を担いだのでしょう。

いすゞ本社が新高輪プリンスホテルで開いてくれた祝賀パーティーは、豪華そのもので、岡本利雄社長ら幹部も勢ぞろいしていました。最高にうれしかったのですが、私は内心、別のことを考えていました。

天皇杯、貸金庫に保管

実は全日本総合バスケットボール選手権の1カ月半前、秋田いすゞは日本リーグ2部でも初優勝していました。全日本総合バスケはリーグ1部チームも参加する大会です。2部制覇に続き、すぐに日本一も手中に収めることができて、うれしくてしょうがありませんでした。当時、私は51歳。中学校2年、13歳でバスケットを始めてから40年近くたっていました。

ただ、ふと妙な思いも湧き起こってきました。「来年はどうすればいいのか」。秋田いすゞバスケット部の部長として、日本一の獲得直後から、先々のことが心配になってきたのです。

辻兵吉社長ともその話をしました。「地方の中小企業チームが勝ったのはすごいことだ。しかし、来年からは挑戦を受ける立場になる。大丈夫だろうか」。確かそんな内容でした。

中心選手のジャック・ギブンス選手は全日本総合バスケ決勝の翌々日、秋田に戻ることなくアメリカに帰国しました。選手補強をどうしていくかも頭の痛いところでした。

世界最高峰のアメリカプロバスケットリーグNBAにいたギブンス選手がなぜ、日本のリーグ2部、しかも地方の中小企業チームに来ることになったのかですって？

口説き落としたんです。「秋田はケンタッキーと気候が全く同じで素晴らしい所なんだ」とか何とか言い繕って。報酬もNBAとは比べ物になりません。それでも来てくれたのは「日本一の夢」に一肌脱いでやろうという気概だったと思います。

秋田市で開かれた優勝祝賀会＝昭和59年1月15日

秋田いすゞの活躍は結局、この全日本総合バスケでの優勝がピークでした。財政的にチームを抱えるのがきつくなり、2年半後には本拠地を関東に移し、チーム名も間もなく「いすゞ自動車」に変わりました。

全日本総合バスケで授与された天皇杯は、皆さんにお披露目した後、秋田銀行の貸金庫に預けたんです。だって、なくしたりしたら大変ですから。

随所に生きた経営経験

複写機事業を新展開

秋田ゼロックスは当初、秋田いすゞ自動車の複写機事業部としてスタートしました。辻兵吉社長が富士ゼロックスの小林陽太郎社長と青年会議所時代から知り合いだったことが縁で、特約店の話が舞い込んだのです。

富士ゼロックスは当時、都道府県に根を張る企業とタイアップして販売展開することを方針としていました。辻社長は秋田いすゞの業務と複写機事業に似通った点があるとみて、事業化に踏み切ったようです。

例えばトラックは車体の販売そのものより、修理や部品供給で収益を確保していいます。複写機も販売やリース後の保守点検が大きな収益源ですので、トラック事業のノウハウを生かせると考えたわけです。でも、思い描いた通りいかないのが商売の難しいところ。新たに事業を始めるのですからなおさらです。

いすゞ内に複写機事業部を設けたのが昭和57（1982）年。社内の1部門のうちは準備段階だったこともあり、それほど苦労しませんでしたが、同61年、秋田富士オーエーとして別会社化するあたりから大変でした。

ちょうどトラック市場が冷え込み、秋田いすゞ自体の売り上げが減り、余剰人員も出ていたころです。私は意を決して辻社長に申し出ました。

「このままではいすゞも危ない。余剰人員を中心にして富士オーエーを設立すれば、雇用が守れるし、いすゞも身が軽くなる。この方向でやってみたらどうでしょうか」

正直、目算なんかありませんでした。第一、コピー機のことさえろくに知らなかったのですから。ただ、何とかしないと、みんなの働き先がな

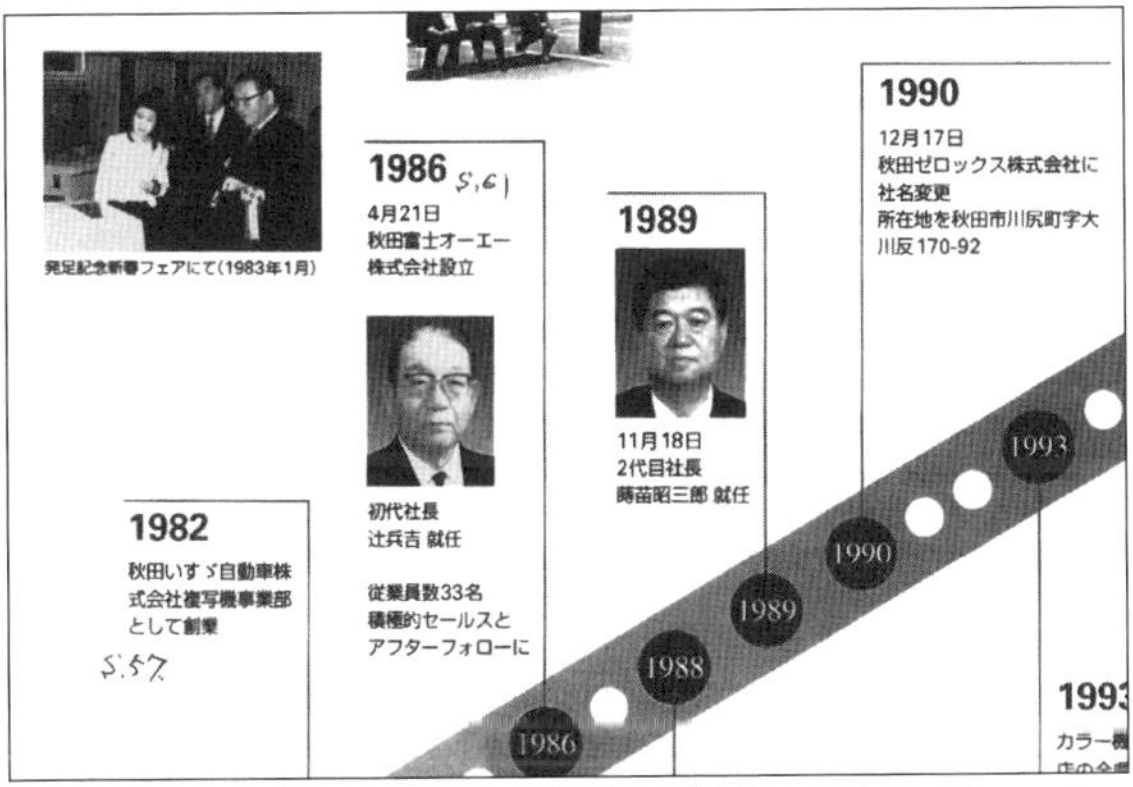

平成元（1989）年、2代目社長に就任＝「秋田ゼロックス20年の歩み」から

くなってしまうという思いが、すごく強かったのです。

「分かった。君に任せるからやってみなさい」。辻社長の指示はいつものように明快でした。秋田いすゞ常務の傍ら、新会社秋田富士オーエーの専務として格闘することになります。

って頼りにセールス

秋田富士オーエー専務としての一歩は、富士ゼロックスの小林陽太郎社長に教えを請うことから始めました。辻兵吉社長に口添えしてもらい、東京の本社に何回も足を運びました。

〈ゼロックスは20世紀の初め、米国で創業された世界的企業。富士ゼロックスは昭和37（1962）年、富士写真フイルムと英国ランク・ゼロックス社との合弁により設立された。この年、業界初の普通紙複写機の国内販売を始めた〉

世界の販売戦略のうち、富士ゼロックスは日本を含めたアジアを受け持つといった話から、人件費はどうすればいいという具体的な経営の仕方まで、忙しい時間を割いて説明してもらいました。何より心強かったのは「応援するから頑張れ」と背中を押してくれたことです。

昭和61（1986）年、秋田いすゞ自動車から、新会社の秋田富士オーエーに移った従業員は33人です。なかなか新しい仕事になじめません。昨日まで車の整備をしていた人が今日からコピー機の保守点検をしろと言われても、難しかったんです。

救いだったのは、スポーツを通じた友人や知人が県内のあちこちにいたことです。そのつてを頼って学校や官公庁、会社にセールスしまくりました。秋田いすゞの人脈を利用したのはもちろんです。コピー機、プリンター、パソコンを含む各種機器は情報化に伴い、徐々に必需品になろうとしていました。

何年かかけて、ある会社の全機器を他社製からゼロックスに換えたことがありました。一般従業員からじわじわ攻めて、最後にトップに決断してもら

現在の秋田ゼロックス本社＝秋田市川尻町

わないと駄目なんです。いきなり上からいくと、社内の反発を買ってうまくいかないのです。

平成2（1990）年、社名を秋田ゼロックスに変更。現在、従業員は140人に増え、年商も40億円の会社に育ちました。「入《い》るを量りて出《い》ずるを制す」。収入増を図りながら、支出を切り詰める。これがやはり商売の鉄則ですね。

不適正支出に苦しむ

秋田いすゞが能代工業高校に負けたこと以上の痛恨事でした。平成11（1999）年に明らかになった選手強化対策費補助金の不適正支出問題です。

県体育協会には各競技団体が加盟しています。県の強化費は県体協が窓口となって受け取り、各競技団体に振り分けます。その競技団体に不正があったとなれば、県体協の責任も重大です。辻兵吉さんの後を継いで県体協の会長になったのが9年5月。それから2年余りで起きた不祥事に随分苦しみました。

最初は県スケート連盟だけの問題のように見えました。ところが根は深かったのです。県議会で取り上げられ、「県生活と健康を守る会連合会（県生連）」の追及が始まると、多くの競技団体で不適正支出があることが分かってきました。

腹を決めました。関係する競技団体の責任者をこんなふうに説得しました。「正直にしゃべってもらいたい。責任は俺が取る。1日も早くうみを出して再出発しようじゃないか」

平成7年には、19年秋田国体の開催が決まり、既に選手強化も始まっていました。問題を長引かせるようでは県民に申し訳ないし、19年に国体を控えていることが、かえって問題の根を断ち切るいいチャンスになると考えたのです。

結局、県教育委員会の調査で、17競技団体で不適正支出がありました。当時、県体協傘下には52団体ありましたから、3割に上ります。物品購入や飲食費、土産代などに使っていたようです。でも「強化」に使うから「強化費」なのです。悪意はないとしても、目的外使用は許されません。公金意識の薄さが最大の理由でした。

不適正支出分の返還を表明（右から2人目）＝平成12年9月28日、県庁

800万円余りを県に返還しました。県生連が県などを相手に起こした訴訟もあり、解決したのは5年後の16年です。返したからといって公費不適正使用の事実は決して消えません。ただ、県体協や競技団体としては一つの区切りとなりました。

経営の経験が生きる

意外かもしれませんが、バブル経済の崩壊は、スポーツ界にも深刻な影響を及ぼしました。日本バスケットボール協会もそうです。不況によって企業からの寄付金や協賛金などが減っただけではありません。バスケットチームの維持自体が難しくなる企業も出てきたのです。

〈バブル経済は通常、昭和61（1986）年暮れから、平成3年初めまでの空前の好景気のことを指す。土地や株が異常に値上がりした。崩壊により日本長期信用銀行や山一証券などが倒産。長引く不景気は後に「失われた20年」と呼ばれる〉

日本協会はずっと企業に頼りきりで、運営費を自前で調達することができない状態でした。

そこで考え出したのが個人登録制度です。バスケット選手に小学生から社会人まで500円とか千円とかの登録費を支払ってもらい、協会の運営費に充てるのです。登録しないと国内の公式大会には参加できない仕組みです。

これが日本協会内でかんかんがくがくでしてね。企業をあてにできない以上、もうこれしか方法がないと皆さん分かってはいるんです。でも全国の選手一人一人に負担をかけることになるので反対論も根強くて…。

平成11年の話です。当時、私は日本協会の副会長で、導入を進める立場にありました。何回も会議を開き、登録制度を設けないと協会が破綻するという財務の予測資料まで作り、説得に当たりました。

確かに子供にまで負担してもらうのは心苦し

日本バスケットボール協会が入っていた岸記念体育会館＝平成12年4月、東京都渋谷区

いところがありました。でも今でも、あのとき決断して良かったと思っています。導入前の11年度に比べ、導入初年度の12年度が2億5千万円増、翌13年度も3億円増と、協会収入が大幅に増え、運営を安定化できたのです。

ここでも経営者としての経験が生きたと思います。しっかりした財務分析に基づき導入を主張したからこそ、反対した人の理解も進んだでしょうから。

組織立て直しに奔走

日本バスケットボール協会を母体にした団体に、バスケットボール日本リーグ機構というのがありました。実業団チームのリーグ戦を統括するところです。平成13(2001)年、そこの会長を引き受けてもらえないかと、機構側からも協会側からも要請されました。

日本協会で個人登録制度を導入し、財政を立て直した話が聞こえていったのでしょう。リーグ機構が赤字続きでどうにもならないので、何とかしてほしいということでした。

経営の中身を示すバランスシート(貸借対照表)を見せてもらい、驚きました。バブル崩壊で企業からの寄付金や協賛金といった収入が減っているのに、支出が従来と同じでは赤字になるのも当然です。監査法人に入ってもらい、詳細に経営内容を調べて、再建策を練りました。

まず、ＪＲ山手線の浜松町駅近くにあったぜいたくな事務所を引き払いました。実業団チームは大手企業が多いせいか、応接セット一つ取っても豪華そのものだったのです。渋谷駅近くの質素な貸しビルの一室に移り、家賃を節約しました。

日本協会の信頼できる理事にリーグ機構の常駐の専務理事になってもらい、日常業務を見てもらいました。事務局員は最終的に十数人から５人程度へと３分の１に減らしました。

いや、特別なことをしたわけではないんですよ。「入《い》るを量りて出《い》ずるを制す」です。収

日本リーグ機構の会長に就いた平成13年、いすゞ自動車が日本リーグで2シーズンぶり6度目の優勝＝東京体育館（写真提供：共同通信社）

入に応じて支出するしかありません。予算を立て、経費を節約し、やりくりするところは、基本的に家計と同じなのです。

会長を引き受けた13年度は無理でしたが、翌14年度にはどうにかこうにか黒字に転換することができました。

スポーツで競技力向上はもちろん大事です。でも、選手たちを支える組織の管理・運営がいかに大切か、日本協会やリーグ機構の立て直しを通じ、あらためて痛感しました。

世界大会の開催準備

秋田で選手強化費の不適正支出問題、東京では日本バスケットボール協会やバスケットボール日本リーグ機構の財政面の立て直しに追われていた平成10年代の半ば、実はビッグイベントの準備が進んでいました。

一つは18（2006）年に日本で初めて開催されるバスケットボールの男子世界選手権、もう一つは翌19年に開かれる秋田わか杉国体です。

18年といえば、一般にはドイツでのワールドカップサッカーの方が注目されていたでしょうか。ジーコ・ジャパンがどこまでやれるか、連日マスコミをにぎわせていました。でもバスケット関係者にとっては、何と言っても世界選手権の日本初開催が話題の中心でした。夢のような話ですから。4年に1度の大会で、NBA（米国のプロバスケットリーグ）の所属選手も含めて、世界最高峰の選手のプレーを間近で観戦できるのです。

私も日本バスケット協会副会長として準備段階から関わっていました。

招致活動は開催の5～6年前から本格化したはずです。秋田いすゞ自動車の辻兵吉会長は、既に日本バスケット協会会長の経験があり、協会の重鎮でつくる招致団の中心メンバーでした。前々から「1回は日本で開きたい」とよく言っていたものです。

開催権限を持つ国際バスケットボール連盟に強く働き掛けたようです。連盟の会議に出席するため渡航し、帰国したときには「日本開催が決まった」と、とても喜んでいました。

最大の魅力は、開催国枠で日本が出場できることです。予選から戦ったのでは、日本はほとんど出場できる見込みがありません。世界のレベルは段違いなのです。

世界レベルの大会は、日本バスケット協会だけでは運営できません。大手広告代理

バスケ男子世界選手権、19日開幕
日本
粘り強い守備から
ミス誘い速攻狙う
個人能力優れる米国
2006年バスケットボール男子世界選手権

バスケット男子世界選手権の開催を知らせる記事＝平成18年8月15日付の秋田魁新報

店の博報堂にお願いしました。それでも何かと用事があり、忙しいときには1週間に1度のペースで上京し、準備に当たりました。

本当に厚い世界の壁

自分で言うのは何ですが、バスケットボールの男子世界選手権は、大変盛り上がったと思います。日本開催は後にも先にもこれ一度きりですから。

〈バスケット男子選手権は平成18（2006）年8月19日～9月3日、札幌、仙台、浜松、広島の4市で6カ国ずつ4組の計24カ国で1次リーグを実施。各組上位4カ国の計16カ国がさいたまスーパーアリーナで決勝トーナメントを行った〉

日本には決勝トーナメントに出てほしかった。でも1次リーグで5位に終わり、願いはかないませんでした。世界の壁は本当に厚いのです。能代工業高校出身の田臥勇太選手が、日本代表候補を辞退したのも残念でしたね。彼はNBA（米国のプロバスケットリーグ）入りを目指し、サマーリーグに出る方が大事だったようです。

世界最高の選手たちのプレーにはほれぼれしました。バスケットといえばNBAのあるアメリカが強いと勘違いしがちですが、それは違うんです。

ＮＢＡには世界各国から優秀な選手が集まっています。しかし、世界選手権となれば選手たちは、母国チームの一員として母国の名誉を懸けて戦います。ＮＢＡでは派手でショー的なプレーがもてはやされるのに対し、各国チームとも地味で堅実なプレースタイルで「世界一」を狙ってくるのです。

実際、アメリカは準決勝でギリシャに敗れ、3位でした。4年前の前回選手権では6位、2年前のアテネ五輪でも3位でした。ＮＢＡ流の華やかな個人技で勝てる時代がとうに終わったことを印象づけました。

すごかったのはスペインです。大黒柱のパウ・ガソル選手が準決勝のアルゼンチン戦で

最優秀選手に輝いたスペインのガソル選手＝平成18年8月29日、さいたまスーパーアリーナ（写真提供：共同通信社）

負傷しました。彼を欠いた決勝では守備陣形をがらりと変えて、水も漏らさぬ守りで快勝し、初めて世界一になったのです。その戦いぶりには感動すら覚えました。準決勝までの活躍でガソル選手が最優秀選手（MVP）に選ばれたのも当然でした。

赤字解消に頭悩ます

バスケットボールの男子世界選手権で、残念ながら日本は決勝トーナメントに進めませんでした。でも世界最高のプレーを生で見てもらったことには意義があったと思います。小学生から社会人まで、日ごろ練習に励むバスケット選手にはいい刺激になったでしょうし、バスケットファンにとっては、またとない機会となったはずです。

〈1次リーグの4会場（札幌、仙台、浜松、広島）と決勝トーナメント会場（さいたま）の計5会場に14日間で約22万4千人の観客を動員した。1会場1日当たりにすると、3200人集まった計算になる〉

日本が1次リーグを戦った広島会場は入場券を完売しました。決勝トーナメントを行ったさいたまスーパーアリーナには、バスケットファンが押し掛け、チケットを転売するダフ屋も現れたと聞きました。

ただ、それでも野球やサッカーに比べれば、競技人口ははるかに少なく、人気の面でも劣るのは確かです。

男子世界選手権は競技面では成功したと思います。同じ時期に女子の世界選手権がブラジルで開かれましたが、「日本のマネジメント（管理・運営）は素晴らしい」と世界バスケット連盟から評価されました。

ただ何と言っても残念極まりなかったのは、収支で億単位の赤字を出してしまったことです。運営を博報堂にお願いしたとはいえ、日本バスケット協会の責任はもちろん免れません。

入場料やテレビの放映権料に加え、寄付や賛助金を募り、日本協会も基金を積むなどして備えたのですが、支出が予想

日本 決勝T進出ならず

バスケ男子世界選手権

V候補スペインに大敗

協会、契約更新せず

後任候補に鈴木氏

日本が決勝トーナメントに進めなかったことを報じた秋田魁新報の記事＝平成18年8月25日付

外に多かったのです。赤字を解消するのに数年かかりました。

この赤字をきっかけに日本協会で一時期混乱も生じました。いろいろな思いや利害がぶつかる組織は、いったんもめ事が起きるとなかなか持ち直せません。組織が大きくなればなるほど、束ねるのが難しいことをまざまざと見せつけられました。

■秋田にささぐわが人生

わか杉国体に力注ぐ

バスケットボールの世界選手権が世界最高峰のプレーに興奮する大会なら、国体は別の意味で熱が入ります。古里を同じにする者たちが一丸となって勝利を目指すからです。平成18（2006）年9月、バスケット世界選手権が終わると、県体育協会会長として翌19年の秋田わか杉国体に集中しました。

19年国体の本県開催が決まったのは7年夏ですから、準備期間は10年以上にわたります。同じ年の暮れには早速、私が本部長の「競技力向上対策本部」を県体協内に設け、選手強化に努めてきました。しかし、選手強化はこれで満足ということがありません。やれることは何でもやってきたつもりです。

まず全競技について勝てそうなところ、そうでないところといった具合にリストアップします。そうすると、現有勢力で練習を重ねればいいところ、指導陣を強化すべき競技、選手そのものも補強しないといけないところなどと分かってきます。

例えば、フェンシング、バドミントン、バスケットボールはどうにか行けそうでした。ただ、バドミントンの少年女子は県内にチームがなく、青森山田高校からコーチを招いて、選手養成から始めました。

水球も選手がいませんでした。日本体育大学教授（当時）で水球部監督として名をはせた清原伸彦さんに指導を仰ぎ、水泳ができる選手を集めて、3年がかりでチームを編成しました。

県外で活躍する秋田県出身者を探し出し、東京まで出掛け、秋田から出場するよう拝み倒したこともあります。本人が乗り気でなさそうなときは、秋田にいる親やきょうだい、さらに高校時代の恩師に頼み、説得してもらったこともありました。

いまさら国体なんて、と冷めた見方があるのは承知

わか杉国体の誘致に奔走していた頃（右端）。左端が辻兵吉県体育協会会長（当時）＝平成5年

しています。でも開催決定から10年以上にわたる準備で、少しずつ盛り上がり、19年の本番では多くの県民が一体感を持てたのではないかと思っています。

現場を把握してこそ

トップが机に座って報告書だけで物事を判断すると、間違いを起こしがちです。現場で実際に何が起きているのか、自分の目で見て把握しておかないと、あらぬ決定をしてしまうことが往々にしてあるものです。

平成19（2007）年の秋田わか杉国体では、そんな失敗をしないように心掛けました。県体育協会の会長として、毎日のように練習会場に顔を出したのです。コーチや選手たちの動きや表情を見れば、調子の良しあしがよく分かります。うまくいっていないことや悩みがあれば直接聞くこともできます。

行かなかった練習会場はないんじゃないかな。本番までの1年間は連日、午前様でした。疲れてなんかいられませんでした。

ちょっと心配なことがあり、大潟村で1日中、ボートの練習を眺めていたことがありました。午後5時半ごろ練習が終わり、監督が話し掛けてきました。「土手に座って練習を見ている人は誰ですか」と選手に聞かれたので「県体協の会長だよ」と答えたら、次の試走でタイムがぐっと縮まったと言うんです。

国体の責任者（私）に見られていることが奮起につながったのかな。監督からは「選手たちにまだ伸びる余地があると分かり、ありがたかった」とまで言ってもらいました。

大館市早口の体育館にバレーボールの練習を見に行ったときのことです。着いたのはもう夕方の6時すぎです。でも体育館に足を踏み入れて、熱気のすごさに驚きました。選手の家族たちが大勢集まり、練習が終わる10時ごろまでずっと声援を送っているんです。「これは行けるな」と思い

秋田わか杉国体の開会式で行進する県選手団＝平成19年9月29日、秋田市雄和の県立中央公園陸上競技場

ました。実際、3位に入りましたよ。

秋田市のラグビー練習会場を訪ねたら、選手たちが普段より太ももを跳ね上げて猛スピードで走っていました。「どうした」と聞くと「蚊がうようよいて、振り払わないと食われてしょうがないんです」と言うんです。思わず笑ってしまいました。

恩師が神様に見えた

秋田わか杉国体の本大会の期間中（平成19年9月29日〜10月9日）、秋田市八橋運動公園内の県スポーツ科学センターに競技の強化担当者が連日集まり、戦力を分析したり、成績を集計したりしました。

選手強化には十分力を注いできたつもりです。でも勝負はやってみないと分かりません。地力通りいけば問題はありません。ところが勝てるはずが駄目だったり、予想以上に勝ち上がったりといろいろなのです。

一番悔しかったのは、少年男子のバレーボールです。優勝候補の雄物川高校が初戦で敗れたのです。まさかと思いました。選手たちが号泣していたと聞き、いたたまれない気持ちになりました。

驚いたのは剣道です。剣道の達人といわれた元高校長の内山眞さん（故人）が大会前、「コーチや選手たちに優勝しろとしゃべってきたから、大丈夫だ」と言っていたのです。

結果は成年男女、少年男女とも優勝の完全制覇でした。スポーツでも人生でもずっと師と仰いできましたが、結果を知ったときは、本当に「神様」に見えましたね。

小野喬、清子ご夫妻、遠藤幸雄さん、千葉（旧姓虻川）吟子さんという五輪体操メダリストが、それこそ手弁当で応援に来てくれたのも、ありがたかった。古里秋田への思いを強く感じました。選手が奮起しないはずはありません。成年女子が優勝、成年男子も準優勝と好成績を残してくれました。

天気まで味方してくれたのかと思うこともありました。山岳会場の森吉山が大会1カ月前に豪雨に見舞われ、縦走コースを変えなくてはなりませんで

秋田わか杉国体のバスケットボール少年男子の決勝を観戦（左端）。中央は県体育協会前会長の辻兵吉さん、右端は能代工業高バスケット部前監督の加藤廣志さん＝平成19年10月4日、能代市総合体育館

した。県外から変更したコースの試走に来たところがあるかと担当者に聞いたら、ないというんです。「しめた」と思いましたね。早速、県内選手を試走させ、本番に備えさせました。

山岳は成年男女が共に1位、少年男女がそれぞれ2位と、天皇杯、皇后杯に大きく貢献してくれました。

天皇杯ずっしり重く

国体は秋の大会だけではありません。冬の大会もあります。秋田わか杉国体は鹿角、仙北での冬季大会（平成19年2月10～13日）から始まりました。本大会（9月29日～10月9日）の前哨戦だけに、冬季の出来が行方を占うような気がしてしょうがありませんでした。

やっぱり皆さんが言うように、距離の成年女子で石垣寿美子選手（日大4年）が初優勝したことが大きな弾みになったでしょうか。

石垣選手は十和田高校時代に少年女子で3連覇を成し遂げて以来の国体優勝です。しかもわか杉国体では県勢第1号の優勝です。「さあ、行くぞ」。そんな号砲のように思えたのです。

複合の成年で小林範仁（東京美装）、湊祐介（日大4年）、畠山陽輔（秋田ゼロックス）の3選手が表彰台を独占したのも思い出深いですね。

結果的に私の取り越し苦労でした。スキーの男女総合成績（天皇杯順位）で初めて1位になったのです。スケートやアイスホッケーを含めた冬季大会の得点順位でも男女総合3位まで浮上しました。

国体は強い選手が何人かいればいいというわけではありません。各競技各種目で1点でもいいから積み上げていかないといけないのです。ですから冬の大会でも秋の本大会でも、普段はあまり日の目を見ない種目や選手の練習会場や試合会場にこそよく足を運び、「みんなで天皇杯を、そして皇后杯を高く掲げようじゃないか」と勇気づけて回ったのです。

天皇杯と皇后杯を手に感無量＝平成19年10月9日、秋田市雄和の県立中央公園陸上競技場

秋の本大会では、大会が終わる3日前には結果が読めていました。もちろん口外なんかしませんけどね。

最終日の10月9日、秋田市雄和の陸上競技場で手にした天皇杯（男女総合優勝）も、皇后杯（女子総合優勝）もずっしり重かった。選手一人一人の汗と涙が詰まっていると思うと、なおさらそう感じました。

国体に半生を懸ける

国体と私の関わりは、半世紀以上も前にさかのぼります。昭和34（1959）年の東京国体に、バスケットボール成年男子の監督として出場したのが最初です。発足して間もない秋田いすゞの選手を中心に、秋田選抜を組んで臨みました。

成果が出たのは2年後の秋田国体です。あの国体はすごかった。本県初の国体で選手たちに勢いがあったのです。バスケット成年男子も3位に食い込みました。新日鉄とか日本鋼管とか、国内でもトップクラスの選手のいる都道府県チームを相手に、よくやったと思っています。

〈36年の秋田国体は「まごころ国体」と呼ばれ、県民挙げてのもてなしが高く評価された。競技面でも本県は天皇杯（男女総合）2位、皇后杯（女子総合）4位と健闘した〉

10年ほど国体成年男子の監督を務め、後は平成21年3月、県体育協会の会長を退くまで、体協やバスケット協会の役員として国体に携わりました。選手として出場したことはありません。やはり私のスポーツ人生は大半がマネジメント（管理・運営）ですね。

平成9年の大阪国体のとき、国体功労者として日本体育協会から表彰されました。昭和34年、国体に初めて出てから、確か40回目の出場でした。その10年後の平成19年、秋田わか杉国体では合計で50回出場したことになります。

長ければいいというわけではありません。でも一つのことをこつこつ続けるのもまた大事ですよね。周囲の目が気にならないと言えばうそになりますが、最終的には自分でやりたいことをどこまでやり遂げられるかが大切だと思っています。

藍綬褒章（平成7年）、勲五等双光旭日章（14年）、

藍綬褒章を祝う会で妻の良子と＝平成7年12月

県文化功労者（19年）などスポーツ関係で数多く表彰してもらいました。ただ、秋田わか杉国体の県民栄誉賞（19年）は、県選手団の団長としてではなく、選手団の一人としていただきました。

南の島を走るダンプ

秋田いすゞ自動車の仕事で海外には何度も行きましたが、東南アジアのボルネオ島にひと月ほど出張したことほど、印象深いものはありません。マレーシアの国家事業で道路を建設するから、10トンダンプを20台売ってほしいと大手ゼネコンから注文が入ったのです。昭和53（1978）年のことでした。

〈ボルネオ島はマレーシア、インドネシア、ブルネイの3国が領有している。太平洋戦争中、日本が占領したこともある。島の北部がマレーシア領で最大の都市はコタキナバル〉

私がゼネコンの社長と家族ぐるみで、長く付き合いを続けてきたのが縁でした。いすゞ本社ではなく、秋田いすゞで受注したことが誇らしかったのです。

販売実績を上げるため、全車を秋田ナンバーで登録。ゼネコンに引き渡し、私も保守・点検の社員と一緒に現地入りしました。香港経由で空路コタキナバルに降り立ち、森林軌道みたいな列車で数時間移動し、やっとゼネコンの作業員宿舎に着きました。山から土を運び出し、道路拡幅の土盛りをするのに、秋田ナンバーを付けたダンプがぶんぶん行き交っていました。

確かインド人と聞きました。現場事務所に赤十字の旗を立てないと、絶対にダンプを運転しないんです。けがをしない、安全に作業できるという印が旗だったんだと思います。世界にはいろんな習わしがあるんだと思いました。

ダンプはいすゞ製の新車です。かなり激しい使い方をしていましたが、そうそう壊れません。消耗する部品を交換する作業が大半でした。

心配なのは現地に駐在させた社員がホームシックになることです。大の男がと思うかもしれませんが、東南アジアの何もない建設現場です。3カ月から半年ごとに社員を

ボルネオ島

入れ替えました。

延長５００キロに及ぶ道路建設は壮観のひと言です。現地の人はとても親切でした。私が会った限りでは、みんな親日的だったのが忘れられません。

わが秋田を全力応援

もう何年か前に生まれていれば、今いないかもしれない。ふとそう考えることがあります。戦争です。身の回りでも戦死した方が数多くいます。

「一度死んだ命」と考えると、やれないことはないと思うようになりました。失敗したって命まで取られるわけじゃないのですから、大概のことに挑戦できます。実際、仕事もスポーツもそうやってきました。

30代後半に一度だけ訳も分からず精神的に参ったことがあります。床屋で散髪中に、ここで倒れたらどうなるかと考えた途端、汗がどーっと噴き出し、どうしようもなくなったのです。

毎朝、知り合いの秋田市のお寺に通って治しました。お経をあげてもらい、老僧からお話を聴きました。「何も心配しなくていい。こちらの世界もいい所だけれど、向こうにはもっといい世界がある」。確かそんな内容でした。

最近、「公への奉仕」ということをよく考えます。年を取るにつれて、自分のことより公のことが気になるようになりました。スポーツを通じて秋田をどう良くし、勢いづけるか、私なりに思案しています。

県内企業はもっとスポーツ選手を雇ったらどうでしょうか。いい選手ほどいい社員になり、会社に貢献してくれます。秋田いすゞ自動車でも秋田ゼロックスでもそうでした。秋田ゼロックスは秋田わか杉国体で選手を新たに雇ってから、むしろ業績が上向いたくらいです。

選手を育てることは人間を育てることです。ただ技術を教えればいいのではないのです。指導者は人間的にも優れていないといけない。スポーツ立県を目指すのなら、選手の強化はもちろんですが、指導者の養成をおろ

今も秋田ゼロックス会長として指示を飛ばす＝同社

そかにしてはいけません。

私を育ててくれた秋田いすゞの辻兵吉会長は、死の間際まで秋田のことを気に掛け、来世でも「秋田頑張れと叫ぶよ」と言っていました。私も同じです。古里秋田を思う気持ちはずっと変わることはないと思っています。

本書は秋田魁新報の連載記事「シリーズ時代を語る」（２０１４年８月12日～９月26日）を一冊にまとめたものです。一部加筆・修正しました。

（聞き手＝鈴木亨）

年譜

蒔苗昭三郎　略年譜

	昭和		
1931	6		満州事変起こる（9月18日）
1932	7	北秋田郡扇田町（現大館市比内町扇田）で生まれる（7月9日）	
1939	14	扇田尋常高等小学校へ入学	
1945	20	扇田尋常高等小学校卒業 旧制大館中学校へ入学	太平洋戦争終わる（8月15日）
1946	21	バスケットボール始める	
1947	22		日本国憲法施行（5月3日）
1948	23	旧制大館中学校3年で卒業（3月）	

1951	26	新制大館鳳鳴高校に入学（4月） 大館鳳鳴高校卒業	サンフランシスコ講和条約、日米安保条約に調印（9月8日）
1952	27	早稲田大受験に失敗 明治大商学部に進学 バスケットボール部に入る	
1955	30		55年体制始まる
1956	31	秋田いすゞ自動車に入社 社内にバスケットボール部設立	経済白書「もはや戦後ではない」
1959	34	県男女総合バスケットボール選手権で秋田いすゞが初優勝	皇太子ご成婚
1970	45	県男女総合バスケットボール選手権決勝で秋田いすゞが能代工業高校に初めて黒星	大阪で万博が開かれる 三島由紀夫が割腹自殺
1975	50	秋田いすゞ自動車の常務取締役に就任	

1980	55	県バスケットボール協会理事長に就任
1981	56	元全日本男子監督の小浜元孝氏をコーチに招く。秋田いすゞの日本一を狙うプロジェクト始動
1984	59	全日本総合バスケットボール選手権。秋田いすゞが強豪日本鉱業を破り初優勝。
1986	61	複写機事業の「富士オーエー（後の秋田ゼロックス）」設立。専務取締役に就任
	平成	
1990	2	県バスケットボール協会会長に就任 秋田ゼロックス代表取締役社長に就任
1997	9	県体育協会会長に就任（～平成21年）
2001	13	バスケットボールリーグ機構・会長に就任

2003	15	秋田ゼロックス代表取締役会長に就任
2004	16	秋田いすゞ自動車代表取締役会長に就任
2007	19	県体育協会会長として「19年秋田わか杉国体」の成功に力尽くす 日本バスケットボール協会会長代行を務める

あとがきにかえて

あとがきにかえて

よわい85を数え、縁の不思議さを改めて感じています。

自分なりに努力してきました。右へ行くのがいいのか左へ進むべきなのか、その都度考え、自分の意思で選んできました。でも後で振り返ると、見えない何かが働いていたのではないか、としか思えない場面もあったのです。

生涯付き合うことになるバスケットボールとは、旧制中学の2年生になった際、バスケット部の先輩からたまたま声を掛けられたことで出合いました。バスケットと仕事の両面で教えを請うことになる辻兵吉さん（故人）とは、偶然入社した「秋田いすゞ自動車」で出会いました。秋田いすゞの社長だった辻さんもバスケットをこよなく愛していました。バスケットがつなぐ縁とでもいいましょうか。私は運命論者ではありませんが、バスケットという道が多少曲がりくねりながらも、辻さんへとつながっていたように見えるのです。

この道にはまだまだ先がありました。辻さんが秋田いすゞにバスケット部をつくり、全県一、さらには日本一を目指すことになったのです。私が陣頭指揮を執ることになりました。長く険しい道のりでした。もうここまでかと思ったことも一度や二度ではありません。しかし、辻さんは動じる気配など全くありませんでした。腕組みをして私たちバスケット部の練習をじっと見守る姿はまるで「さあ、前へ進もう。日本一の祝杯を挙げようじゃないか」と言っているようでした。

秋田いすゞにバスケット部をつくってから28年。昭和59（1984）年1月、全日本総合バスケットボール選手権大会での優勝は、小浜元孝コーチ（故人）や各選手の頑張りはもちろんですが、辻さんの強い意志の後ろ盾がなければ、実現しなかったでしょう。

道は1本だけではありませんでした。秋田いすゞや関連会社の経営に携わるようになったのです。バスケットという道に会社経営という道が加わりました。バスケットを通じて辻さんから徐々に信頼され、経営も任せられるようになったとすれば、これもまたバスケットが取り持つ縁といえそうです。

バスケットという道は、平成19（2007）年に「秋田わか杉国体」が開かれることが決まってから、国体の完全制覇という道になります。つまり男女総合優勝である天皇杯と、女子総合優勝の皇后杯の獲得を目標に掲げたのです。

わか杉国体の開催が決定したのは平成7年です。この国体誘致でも県体育協会会長として辻さんが先頭に立ちました。秋田いすゞのバスケット日本一に続き、国体の本県完全制覇に向かうバイタリティーには脱帽するばかりです。私も秋田を思う気持ちは強い方ですが、辻さんにはかないません。

2年後の平成9年、辻さんの後任として私が県体育協会会長に就いてからは、辻さんが敷いた「国体への道」をひた走りました。戦力分析や選手強化など、取り組まなければならないことは山ほどありました。バスケット日本一の経験が生きただけではありません。会社経営の経験も大いに役立ちました。経営とは詰まるところ、人心をいかに掌握し、組織をどう動かすかであり、県体育協会や各競技団体の運営にも当てはまりました。

そして平成19年10月9日は生涯忘れられない日となりました。「国体への道」が完全制覇という目標点に到達したのです。天皇杯や皇后杯の重みがまだ手の中に残り、選手役員らの満面の笑みが目に焼き付いたままです。

苦しみもありましたが、それ以上に喜びもありました。スポーツも会社経営も一人でできるわけではありません。たくさんの方々の協力があって成し遂げることができました。この場を借りてお礼を申し上げ、筆を置きたいと思います。

平成30年3月

蒔苗　昭三郎

スポーツ秋田の輝き求め
――マネジメントの経験を力に

定　　価	本体 800円＋税
発 行 日	2018年3月20日
編集・発行	秋田魁新報社
	〒010-8601 秋田市山王臨海町1－1
	Tel. 018(888)1859
	Fax. 018(863)5353
印刷・製本	秋田活版印刷株式会社

乱丁、落丁はお取り替えします。
ISBN978-4-87020-399-0 c0223 ¥800E